The Concept of Time

The Concept of Time

Martin Heidegger

Translated by William McNeill

First published in German as *Der Begriff der Zeit: Vortrag vor'der Marburger Theologenschaft Juli 1924*/Martin Heidegger with a postscript by Hartmut Tietjen.

First published by Blackwell Publishers 1992
Reprinted 1992, 1994

Blackwell Publishers
108 Cowley Road
Oxford OX4 1JF
UK

238 Main Street
Cambridge, Massachusetts 02142
USA

British Library Cataloguing in Publication Data

A CIP catalogue record for this book is available from the British Library.

Library of Congress Cataloging in Publication Data

Heidegger, Martin, 1889–1976.
[Begriff der Zeit. English]
The concept of time / Martin Heidegger : translated by William McNeill.
p. cm.
Translation of: Der Begriff der Zeit.
"Lecture which Heidegger delivered to the Marburg Theological Society in July 1924"——Translator's pref.
Includes bibliographical references.
ISBN 0–631–18216–0 : —— ISBN 0–631–18425–2 (pbk.):
1. Time. I. Title.
B3279.H48B4413 1992
115—dc20

91-30914
CIP

Typeset in 11 on 13 pt Palatino
by Photo·graphics, Honiton, Devon
Printed in Great Britain by T.J. Press Ltd, Padstow, Cornwall
This book is printed on acid-free paper.

Contents

Translator's Preface

The Concept of Time is a translation of *Der Begriff der Zeit*, a lecture which Heidegger delivered to the Marburg Theological Society in July 1924. The German edition was published in 1989 by Max Niemeyer Verlag, Tübingen. The lecture presents in a concise yet developed form many of the analyses which were subsequently expanded and incorporated into Heidegger's major work *Being and Time* (1927).[1] On account of its concise form (the analyses being presented, as Heidegger says, 'in the form of theses'[2] rather than that of detailed explication), the lecture can only be adequately understood and assessed in the light of that later work.

In pursuit of accuracy, I have tended towards a literal translation of the text in most cases. In the case of key terms, I have usually retained those translations which have come to be generally accepted as standard in English-speaking Heidegger study. Thus, I have generally adopted the terms employed by John Macquarrie and Edward Robinson in their translation of *Sein und Zeit*. Notable exceptions are: *Befindlichkeit*, which I have rendered as 'disposition'; *das 'Man'*, the 'One'; *Vorlaufen*, 'running ahead' and *wiederholen*, 'to repeat'.

My thanks are due to Kathleen Helith Renark Jones for her meticulous correction of the proofs and numerous helpful suggestions, and to David Wood for his

generous advice on matters of translation. Finally, I am especially grateful to the British Academy, whose funding has made possible the early completion of this project.

William Alexander Cairns McNeill
Warwick, June 1991

Notes

1 Martin Heidegger, *Sein und Zeit* (Halle: Niemeyer, 1927), (*Being and Time*, tr. John Macquarrie and Edward Robinson, (Oxford: Blackwell, 1962)).
2 Ibid., p. 268/tr. 313, footnote.

The Concept of Time

Der Begriff der Zeit

Die folgenden Überlegungen handeln von der Zeit. Was ist die Zeit?

Wenn die Zeit ihren Sinn findet in der Ewigkeit, dann muß sie von daher verstanden werden. Damit sind Ausgang und Weg dieser Nachforschung vorgezeichnet: von der Ewigkeit zur Zeit. Diese Fragestellung ist in Ordnung unter der Voraussetzung, daß wir über den vorgenannten Ausgang verfügen, also die Ewigkeit kennen und hinreichend verstehen. Sollte die Ewigkeit etwas anderes sein als das leere Immersein, das ἀεί, sollte Gott die Ewigkeit sein, dann müßte die zuerst nahegelegte Art der Zeitbetrachtung so lange in einer Verlegenheit bleiben, als sie nicht von Gott weiß, nicht versteht die Nachfrage nach ihm. Wenn der Zugang zu Gott der Glaube ist und das Sich-einlassen mit der Ewigkeit nichts anderes als dieser Glaube, dann wird die Philosophie die Ewigkeit nie haben und diese sonach nie als mögliche Hinsicht für die Diskussion der Zeit in methodischen Gebrauch genommen werden können. Diese Verlegenheit ist für die Philosophie nie zu beheben. So ist denn der Theologe der rechte Sachkenner der Zeit; und wenn die Erinnerung nicht trügt, hat es die Theologie mehrfach mit der Zeit zu tun.

Erstens handelt die Theologie vom menschlichen Dasein als Sein vor Gott, von seinem zeitlichen Sein in seinem Verhältnis zur Ewigkeit. Gott selbst braucht keine Theologie, seine Existenz ist nicht durch den Glauben begründet.

Zweitens soll der christliche Glaube an ihm selbst Bezug haben auf etwas, das in der Zeit geschah, – wie man hört zu einer Zeit, von der gesagt wird: Sie war die Zeit, »da die Zeit erfüllet war . . .«.[1]

Der Philosoph glaubt nicht. Fragt der Philosoph nach der Zeit, dann ist er entschlossen, *die Zeit aus der Zeit*

The following reflections are concerned with time. What is time?

If time finds its meaning in eternity, then it must be understood starting from eternity. The point of departure and path of this inquiry are thereby indicated in advance: from eternity to time. This way of posing the question is fine, provided that we have the aforementioned point of departure at our disposal, that is, that we are acquainted with eternity and adequately understand it. If eternity were something other than the empty state of perpetual being, the ἀεί,[1] if God were eternity, then the way of contemplating time initially suggested would necessarily remain in a state of perplexity so long as it knows nothing of God, and fails to understand the inquiry concerning him. If our access to God is faith and if involving oneself with eternity is nothing other than this faith, then philosophy will never have eternity and, accordingly, we will never be able to employ eternity methodologically as a possible respect in which to discuss time. Philosophy can never be relieved of this perplexity. The theologian, then, is the legitimate expert on time; and if recollection serves us correctly, theology is concerned with time in several respects.

Firstly, theology is concerned with human existence[2] as Being before God. It is concerned with the temporal Being of such existence in its relation to eternity. God himself needs no theology; his existence is not grounded through faith.

Secondly, Christian faith is in itself supposed to stand in relation to something that happened in time – at a time, we are told, of which it is said: It was the time 'when time was fulfilled . . .'[3]

The philosopher does not believe. If the philosopher asks about time, then he has resolved *to understand*

zu verstehen bzw. aus dem ἀεί, was so aussieht wie Ewigkeit, was sich aber herausstellt als ein bloßes Derivat des Zeitlichseins.

Die folgende Behandlung ist nicht theologisch. Theologisch – und es bleibt Ihnen unbenommen, sie so zu verstehen – kann die Behandlung der Zeit nur den Sinn haben, die Frage nach der Ewigkeit schwieriger zu machen, sie in der rechten Weise vorzubereiten und eigentlich zu stellen. Die Abhandlung ist aber auch nicht philosophisch, sofern sie nicht beansprucht, eine allgemein gültige systematische Bestimmung der Zeit herzugeben, welche Bestimmung zurückfragen müßte hinter die Zeit in den Zusammenhang der anderen Kategorien hinein.

Die nachfolgenden Überlegungen gehören vielleicht in eine *Vorwissenschaft*, deren Geschäft folgendes in sich begreift: Nachforschungen darüber anzustellen, was mit dem, was Philosophie und Wissenschaft, was auslegende Rede des Daseins von ihm selbst und der Welt sagt, am Ende gemeint sein könnte. Wenn wir uns darüber ins Klare setzen, was eine Uhr ist, wird damit die in der Physik lebende Erfassungsart lebendig und damit die Weise, in der die Zeit Gelegenheit bekommt, sich zu zeigen. Diese Vorwissenschaft, innerhalb deren sich diese Betrachtung bewegt, lebt aus der vielleicht eigenwilligen Voraussetzung, daß Philosophie und Wissenschaft sich im Begriffe bewegen. Ihre Möglichkeit besteht darin, daß jeder Forscher sich darüber aufklärt, was er versteht und was er nicht versteht. Sie gibt Auskunft, wann eine Forschung bei ihrer Sache ist – oder sich nährt aus einem überlieferten und abgegriffenen Wortwissen darüber. Solche Nachforschungen sind gleichsam der Polizeidienst beim Aufzuge der Wissenschaften, ein

time in terms of time or in terms of the ἀεί, which looks like eternity but proves to be a mere derivative of being temporal.

The following considerations are not theological. In a theological sense – and you are at liberty to understand it in this way – a consideration of time can only mean making the question concerning eternity more difficult, preparing it in the correct manner and posing it properly. Nor, however, is the treatise philosophical, in so far as it makes no claim to provide a universally valid, systematic determination of time, a determination which would have to inquire back beyond time into its connection with the other categories.

The ensuing reflections perhaps belong to a *pre-science* whose business entails the following: conducting inquiries about what could ultimately be meant by what philosophy and science, what interpretative discourse of existence says about existence and about the world. If we achieve clarity about what a clock is, then the kind of apprehension thriving in physics thereby becomes alive, and so does the manner in which time gets the opportunity to show itself. This pre-science within which our observations take place thrives on the presupposition, perhaps unconventional, that philosophy and science take place in the concept. The possibility of this pre-science entails that every researcher achieve clarity concerning what he understands and what he does not understand. It lets us know when a particular piece of research is directly concerned with its matter, or when it feeds on a traditional and hackneyed verbal knowledge of it. Such inquiries are as it were the policing at the procession of the sciences, which is certainly a subordinate yet

zwar untergeordnetes aber zuweilen dringliches Geschäft, wie einige meinen. Ihr Verhältnis zur Philosophie ist nur das des Mitlaufens, um zuweilen Haussuchung bei den Alten zu halten, wie sie es eigentlich gemacht haben. Mit der Philosophie hat die folgende Überlegung nur so viel gemein, daß sie nicht Theologie ist.

Zunächst einen vorläufigen Hinweis auf die begegnende Zeit in der Alltäglichkeit, auf die Natur- und Weltzeit. Das Interesse dafür, was die Zeit sei, ist in der Gegenwart neu geweckt durch die Entwicklung der physikalischen Forschung in ihrer Besinnung auf die Grundprinzipien der hier zu vollziehenden Erfassung und Bestimmung: der Messung der Natur in einem raum-zeitlichen Bezugssystem. Der jetzige Stand dieser Forschung ist fixiert in der Einsteinschen Relativitätstheorie. Einige Sätze daraus: Der Raum ist an sich nichts; es gibt keinen absoluten Raum. Er existiert nur durch die in ihm enthaltenen Körper und Energien. (Ein alter Aristotelischer Satz:) Auch die Zeit ist nichts. Sie besteht nur infolge der sich in ihr abspielenden Ereignisse. Es gibt keine absolute Zeit, auch keine absolute Gleichzeitigkeit.[2] – Man übersieht leicht über dem Destruktiven dieser Theorie das Positive, daß sie gerade die Invarianz der Gleichungen, die die Naturvorgänge beschreiben, gegenüber beliebigen Transformationen nachweist.

Die Zeit ist das, worin sich Ereignisse abspielen.[3] So wird dieses schon von Aristoteles gesehen im Zusammenhang mit der Grundart des Seins des Naturseins: der Veränderung, des Platzwechsels, der Fortbewegung: ἐπεὶ οὖν οὐ κίνησις, ἀνάγκη τῆς κινήσεώς τι εἶναι αὐτόν.[4] Da sie nicht selbst Bewegung ist, muß sie irgendwie mit der Bewegung zu tun haben. Die

sometimes urgent business, in the opinion of some. The relation of these inquiries to philosophy is merely to accompany it, so as occasionally to conduct a house-search of the ancients in order to see how they went about things. The following reflections have only this much in common with philosophy: the fact that they are not theology.

To begin with, a provisional hint on that time which we encounter in everydayness, on the time of nature and on world-time. Interest in what time is has been reawakened in the present day by the development of research in physics and its deliberations on the fundamental principles of the kind of apprehending and determining entailed here: the measuring of nature within a system of space-time relations. The current state of this research is established in Einstein's relativity theory. Some of its propositions are as follows: Space is nothing in itself; there is no absolute space. It exists merely by way of the bodies and energies contained in it. (An old proposition of Aristotle's:) Time too is nothing. It persists merely as a consequence of the events taking place in it. There is no absolute time, and no absolute simultaneity either.[4] In seeing the destructive side of this theory, one readily overlooks what is positive about it, namely, that it demonstrates precisely the invariability, with respect to arbitrary transformations, of those equations describing natural processes.

Time is that within which events take place.[5] This is what Aristotle has already seen, in the context of the fundamental kind of Being pertaining to natural being: change, change of place, locomotion: ἐπεὶ οὖν οὐ κίνησις, ἀνάγκη τῆς κινήσεώς τι εἶναι αὐτόν.[6] Since time itself is not movement, it must somehow have to do with movement. Time is initially encountered in

Zeit begegnet zunächst im veränderlich Seienden; Veränderung ist in der Zeit. Als was ist Zeit in dieser Begegnisart, nämlich als das Worin des Veränderlichen, vorfindlich? Gibt sie sich hier als sie selbst in dem, was sie ist? Kann eine Explikation der Zeit, die hier ansetzt, die Gewähr haben, daß damit die Zeit gleichsam die fundamentalen Phänomene hergibt, die sie in dem eigenen Sein bestimmen? Oder wird man beim Aufsuchen der Gründe der Phänomene auf etwas anderes verwiesen?

Als was begegnet die Zeit für den Physiker? Das bestimmende Erfassen der Zeit hat den Charakter der Messung. Messung gibt an das Wielange und das Wann, das Von-wann-bis-wann. Eine Uhr zeigt die Zeit. Eine Uhr ist ein physikalisches System, auf dem sich die gleiche zeitliche Zustandsfolge ständig wiederholt unter der Voraussetzung, daß dieses physikalische System nicht der Veränderung durch äußere Einwirkung unterliegt. Die Wiederholung ist zyklisch. Jede Periode hat die gleiche Zeitdauer. Die Uhr gibt eine sich ständig wiederholende gleiche Dauer, auf die man immer zurückgreifen kann. Die Aufteilung dieser Dauerstrecke ist beliebig. Die Uhr mißt die Zeit, sofern die Erstreckung der Dauer eines Geschehens auf gleiche Zustandsfolgen der Uhr verglichen und von da in ihrem Soviel zahlenmäßig bestimmt wird.

Was erfahren wir von der Uhr über die Zeit? Die Zeit ist etwas, in dem beliebig ein Jetztpunkt fixiert werden kann, so daß immer von zwei verschiedenen Zeitpunkten der eine früher, der andere später ist. Dabei ist kein Jetztpunkt der Zeit vor dem anderen ausgezeichnet. Er ist als Jetzt das mögliche Früher eines Später, als Später das Später eines Früher. Diese Zeit ist durchgängig gleichartig, homogen. Nur sofern die Zeit als homogene konstituiert ist, ist sie meßbar. Die

those entities which are changeable; change is in time. How is time exhibited in this way of encountering it, namely, as that within which things change? Does it here give itself as itself in what it is? Can an explication of time that starts here guarantee that time will thereby provide as it were the fundamental phenomena that determine it in its own Being? Or does the search for the grounds of the phenomena point us towards something else?

How does the physicist encounter time? His grasping and determining of time have the character of measuring. Measuring indicates the how-long and the when, the from-when-till-when. A clock shows the time. A clock is a physical system in which an identical temporal sequence is constantly repeated, with the provision that this physical system is not subject to change through any external influence. The repetition is cyclical. Each period has an identical temporal duration. The clock provides an identical duration that constantly repeats itself, a duration to which one can always have recourse. The way in which the stretch of this duration is divided up is arbitrary. The clock measures time in so far as the stretch of the duration of an occurrence is compared with identical sequences on the clock and can thereby be numerically determined.

What do we learn from the clock about time? Time is something in which a now-point may be arbitrarily fixed, such that, with respect to two different time-points, one is earlier and the other later. And yet no now-point of time is privileged over any other. As 'now', any now-point of time is the possible earlier of a later; as 'later', it is the later of an earlier. This time is thoroughly uniform, homogeneous. Only in so far

Zeit ist so ein Abrollen, dessen Stadien in der Beziehung des Früher und Später zueinander stehen. Jedes Früher und Später ist bestimmbar aus einem Jetzt, welches aber selbst beliebig ist. Geht man mit der Uhr auf ein Geschehen zu, so macht die Uhr ein Geschehen ausdrücklich, mehr hinsichtlich seines Ablaufens im Jetzt als hinsichtlich des Wieviel seiner Dauer. Die primäre Bestimmung, die die Uhr jeweils leistet, ist nicht die Angabe des Wielange, des Wieviel der gegenwärtig fließenden Zeit, sondern die jeweilige Fixierung des Jetzt. Wenn ich die Uhr herausziehe, so ist das erste, was ich sage: »Jetzt ist es neun Uhr; 30 Minuten seitdem das geschah. In drei Stunden ist es zwölf.«

Die Zeit jetzt, da ich auf die Uhr sehe: Was ist dieses Jetzt? Jetzt, da ich es tue; jetzt da etwa hier das Licht ausgeht. Was ist das Jetzt? Verfüge ich über das Jetzt? Bin ich das Jetzt? Ist jeder Andere das Jetzt? Dann wäre die Zeit ja ich selbst, und jeder Andere wäre die Zeit. Und in unserem Miteinander wären wir die Zeit – keiner und jeder. Bin ich das Jetzt, oder nur der, der es sagt? Mit oder ohne ausdrückliche Uhr? Jetzt, abends, morgens, diese Nacht, heute: Hier stoßen wir auf eine Uhr, die sich das menschliche Dasein von jeher zugelegt hat, die natürliche Uhr des Wechsels von Tag und Nacht.

Welche Bewandtnis hat es damit, daß menschliches Dasein sich eine Uhr angeschafft hat schon vor allen Taschen- und Sonnenuhren? Verfüge ich über das Sein der Zeit und meine ich im Jetzt mich mit? Bin ich selbst das Jetzt und mein Dasein die Zeit? Oder ist es am Ende die Zeit selbst, die sich in uns die Uhr anschafft? Augustinus hat im XI. Buch seiner »Confessiones« die Frage bis hierher getrieben, ob der Geist selbst die Zeit sei. Und Augustinus hat die Frage hier stehen gelassen. »In te, anime meus, tempora metior; noli

as time is constituted as homogeneous is it measurable. Time is thus an unfurling whose stages stand in a relation of earlier and later to one another. Each earlier and later can be determined in terms of a now which, however, is itself arbitrary. If we approach an event with a clock, then the clock makes the event explicit, but more with respect to its unfolding in the now than with respect to the how-much of its duration. What primarily the clock does in each case is not to indicate the how-long or how-much of time in its present flowing, but to determine the specific fixing of the now. If I take out my watch, then the first thing I say is: 'Now it is nine o'clock; thirty minutes since that occurred. In three hours it will be twelve.'

What is this now, the time now as I look at my watch? Now, as I do this; now, as the light here goes out, for instance. What is the now? Is the now at my disposal? Am I the now? Is every other person the now? Then time would indeed be I myself, and every other person would be time. And in our being with one another we would be time – everyone and no one. Am I the now, or only the one who is saying this? With or without any explicit clock? Now, in the evenings, in the mornings, tonight, today: Here we hit upon a clock that human existence has always assumed, the natural clock of the alternation of day and night.

What is involved in the fact that human existence has already procured a clock prior to all pocket-watches and sundials? Do I dispose over the Being of time, and do I also mean myself in the now? Am I myself the now and my existence time? Or is it ultimately time itself that procures for itself the clock in us? Augustine, in the Eleventh Book of his *Confessions*, pursued the question so far as to ask whether spirit itself is time.

mihi obstrepere: quod est; noli tibi obstrepere turbis affectionum tuarum. In te, inquam, tempora metior; affectionem quam res praetereuntes in te faciunt, et cum illae praeterierint manet, ipsam metior praesentem, non eas quae praeterierunt ut fieret: ipsam metior, cum tempora metior.«[5] In Paraphrase: »In dir, mein Geist, messe ich die Zeiten; dich messe ich, so ich die Zeit messe. Komme mir nicht mit der Frage in die Quere: Wie denn das? Verleite mich nicht dazu, von dir wegzusehen durch eine falsche Frage. Komme dir selbst nicht in den Weg durch die Verwirrung dessen, was dich selbst angehen mag. In dir, sage ich immer wieder, messe ich die Zeit; die vorübergehend begegnenden Dinge bringen dich in eine Befindlichkeit, die bleibt, während jene verschwinden. Die Befindlichkeit messe ich in dem gegenwärtigen Dasein, nicht die Dinge, welche vorübergehen, daß sie erst entstünde. Mein Mich-befinden selbst, ich wiederhole es, messe ich, wenn ich die Zeit messe.«

Die Frage nach dem, was die Zeit sei, hat unsere Betrachtung auf das Dasein verwiesen, wenn mit Dasein gemeint ist das Seiende in seinem Sein, das wir als menschliches Leben kennen; dieses Seiende in der *Jeweiligkeit* seines Seins, das Seiende, das wir jeder selbst sind, das jeder von uns in der Grundaussage trifft: Ich bin. Die Aussage »Ich bin« ist die eigentliche Aussage vom Sein vom Charakter des Daseins des Menschen. Dieses Seiende ist in der Jeweiligkeit als meiniges.

Aber bedurfte es dieser umständlichen Überlegung, um auf das Dasein zu stoßen? Genügte nicht der Hinweis, daß die Akte des Bewußtseins, die seelischen Vorgänge, in der Zeit sind, – auch dann, wenn diese Akte sich auf etwas richten, was selbst nicht durch die Zeit bestimmt ist? Es ist ein Umweg. Aber der Frage

And Augustine left the question standing at this point. 'In te, anime meus, tempora metior; noli mihi obstrepere: quod est; noli tibi obstrepere turbis affectionum tuarum. In te, inquam, tempora metior; affectionem quam res praetereuntes in te faciunt, et cum illae praeterierint manet, ipsam metior praesentem, non ea quae praeterierunt ut fieret: ipsam metior, cum tempora metior.'[7] To paraphrase: 'In you, my spirit, I measure times; you I measure, as I measure time. Do not cross my path with the question: How is that? Do not mislead me into looking away from you through a false question. Do not obstruct your own path with the confusion of what may concern you yourself. In you, I say repeatedly, I measure time; the transitory things encountered bring you into a disposition which remains, while those things disappear. The disposition I measure in present existence, not the things that pass by in order that this disposition first arise. My very finding myself disposed, I repeat, is what I measure when I measure time.'

The question of what time is has pointed our inquiry in the direction of Dasein, if by Dasein we mean that entity in its Being which we know as human life; this entity in the *specificity*[8] of its Being, the entity that we each ourselves are, which each of us finds in the fundamental assertion: I am. The assertion 'I am' is the authentic assertion of Being pertaining to the Dasein of man. In its specificity, this entity is as mine.

Yet was this laborious reflection required in order to hit upon Dasein? Would it not be sufficient to point out that acts of consciousness, mental processes, are in time – even when these acts are directed towards something that is not itself determined by time? This

nach der Zeit liegt daran, eine solche Antwort zu gewinnen, daß aus ihr die verschiedenen Weisen des Zeitlichseins verständlich werden; und daran, einen möglichen Zusammenhang dessen, was in der Zeit ist, mit dem, was die eigentliche Zeitlichkeit ist, von allem Anfang an sichtbar werden zu lassen.

Die Naturzeit als längst bekannte und besprochene hat bislang den Boden für die Explikation der Zeit abgegeben. Sollte das menschliche Sein in einem ausgezeichneten Sinne in der Zeit sein, so daß an ihm, was die Zeit ist, ablesbar werden kann, so muß dieses Dasein charakterisiert werden in den Grundbestimmungen seines Seins. Es müßte dann gerade sein, daß Zeitlichsein – recht verstanden – die fundamentale Aussage des Daseins hinsichtlich seines Seins sei. Aber auch so bedarf es einer vorgängigen Anzeige einiger Grundstrukturen des Daseins selbst.

1. Das Dasein ist das Seiende, das charakterisiert wird als *In-der-Welt-sein*. Das menschliche Leben ist nicht irgendein Subjekt, das irgendein Kunststück machen muß, um in die Welt zu kommen. Dasein als In-der-Welt-sein meint: in der Weise in der Welt sein, daß dieses Sein besagt: mit der Welt umgehen; bei ihr verweilen in einer Weise des Verrichtens, des Bewerkstelligens, das Erledigens, aber auch der Betrachtung, des Befragens, des betrachtenden, vergleichenden Bestimmens. Das In-der-Welt-sein ist charakterisiert als *Besorgen*.

2. Das Dasein als dieses In-der-Welt sein ist in eins damit *Mit-einander-sein*, mit Anderen sein: mit Anderen dieselbe Welt dahaben, einander begegnen, miteinander sein in der Weise des Für-einander-seins. Aber dieses Dasein ist zugleich Vorhandensein für

is a way round the problem. But what matters in the question concerning time is attaining an answer in terms of which the various ways of being temporal become comprehensible; and what matters is allowing a possible connection between that which is in time and authentic temporality to become visible from the very beginning.

Natural time as long since familiar and discussed has hitherto provided the basis for the explication of time. If human Being is in time in a distinctive sense, so that we can read off from it what time is, then we must characterize this Dasein in the fundamental determinations of its Being. Indeed, it would then have to be the case that being temporal, correctly understood, is the fundamental assertion of Dasein with respect to its Being. Yet even here a prior indication of several fundamental structures of Dasein itself is required.

1. Dasein is that entity which is characterized as *being-in-the-world*. Human life is not some subject that has to perform some trick in order to enter the world. Dasein as being-in-the-world means: being in the world in such a way that this Being means: dealing with the world; tarrying alongside it in the manner of performing, effecting and completing, but also contemplating, interrogating, and determining by way of contemplation and comparison. being-in-the-world is characterized as *concern*.

2. As this being-in-the-world, Dasein is, together with this, *being-with-one-another*, being with Others: having the same world there with Others, encountering one another, being with one another in the manner of being-for-one-another. Yet this Dasein is simultaneously being present at hand for Others, namely,

Andere, nämlich auch so, wie ein Stein da ist, der keine Welt da hat und besorgt.

3. Miteinander in der Welt sein, als Miteinander sie haben, hat eine ausgezeichnete Seinsbestimmung. Die Grundweise des Daseins der Welt, das sie miteinander Dahaben, ist das *Sprechen.* Sprechen ist voll gesehen: sich *aus*sprechendes *mit* einem Anderen *über* etwas Sprechen. Im Sprechen spielt sich vorwiegend das In-der-Welt-sein des Menschen ab. Das wußte schon Aristoteles. In dem, wie das Dasein in seiner Welt über die Weise des Umgangs mit seiner Welt spricht, ist mitgegeben eine *Selbstauslegung des Daseins.* Es sagt aus, als was das Dasein jeweilig sich selbst versteht, als was es sich nimmt. Im Miteinandersprechen, in dem, was man so herumspricht, liegt jeweils die Selbstauslegung der Gegenwart, die in diesem Gespräch sich aufhält.

4. Das Dasein ist ein Seiendes, das sich bestimmt als »Ich bin«. Für das Dasein ist die *Jeweiligkeit* des »Ich bin« konstitutiv. Dasein ist also ebenso primär, wie es In-der-Welt-sein ist, auch *mein* Dasein. Es ist *je eigenes und als eigenes jeweiliges.* Soll dieses Seiende in seinem Seinscharakter bestimmt werden, so ist von der Jeweiligkeit als der je meinigen nicht zu abstrahieren. Mea res agitur. Alle Grundcharaktere müssen sich so in der Jeweiligkeit als der *je meinigen* zusammenfinden.

5. Sofern das Dasein ein Seiendes ist, das ich bin, und zugleich bestimmt ist als Mit-einander-sein, bin ich mein Dasein zumeist und durchschnittlich nicht selbst, sondern die Anderen; ich bin mit den Anderen und die Anderen mit den Anderen ebenso. Keiner ist in der Alltäglichkeit er selbst. Was er ist und wie er ist, das ist niemand: keiner und doch alle miteinander. Alle sind nicht sie selbst. Dieser Niemand, von dem wir selbst in der *Alltäglichkeit* gelebt werden, ist das

just as a stone is there which neither has nor is concerned with a world there.

3. Being with one another in the world, having this world as being with one another, has a distinctive ontological determination. The fundamental way of the Dasein of world, namely, having world there with one another, is *speaking*. Fully considered, speaking is: oneself speaking *out* in speaking *with* another *about* something. It is predominantly in speaking that man's being-in-the-world takes place. This was already known to Aristotle. In the manner in which Dasein in its world speaks about its way of dealing with its world, a *self-interpretation of Dasein* is also given. It states how Dasein specifically understands itself, what it takes itself to be. In speaking with one another, in what one thus spreads around in speaking, there lies the specific self-interpretation of the present, which maintains itself in this dialogue.

4. Dasein is an entity that determines itself as 'I am'. The *specificity* of the 'I am' is constitutive for Dasein. Just as primarily as it is being-in-the-world, Dasein is therefore also *my* Dasein. It is *in each case its own and is specific as its own*. If this entity is to be determined in its ontological character, then we must not abstract from its specificity as in each case mine. *Mea res agitur.*[9] All fundamental characters must therefore converge in specificity as *in each case mine*.

5. In so far as Dasein is an entity that I am, and is simultaneously determined as being-with-one-another, it is not I myself who for the most part and on average am my Dasein, but the Others; I am with the Others, and the Others are likewise with the Others. No one is himself in everydayness. What someone is, and how he is, is nobody: no one and yet

»*Man*«. Man sagt, man hört, man ist dafür, man besorgt. In der Hartnäckigkeit der Herrschaft dieses Man liegen die Möglichkeiten meines Daseins, und aus dieser Einebnung heraus ist das »Ich bin« möglich. Ein Seiendes, das die Möglichkeit des »Ich bin« ist, ist als solches zumeist ein Seiendes, das *man* ist.

6. Das so charakterisierte Seiende ist ein solches, dem es in seinem alltäglichen und jeweiligen In-der-Welt-sein *auf sein Sein ankommt*. Wie in allem Sprechen über die Welt ein Sichaussprechen des Daseins über sich selbst liegt, so ist *alles besorgende Umgehen* ein *Besorgen des Seins des Daseins*. Das, womit ich umgehe, womit ich mich beschäftige, woran mich mein Beruf kettet, bin ich gewissermaßen selbst und darin spielt sich mein Dasein ab. *Die Sorge um das Dasein hat jeweils das Sein in die Sorge gestellt*, wie es in der herrschenden Auslegung des Daseins bekannt und verstanden ist.

7. In der Durchschnittlichkeit des alltäglichen Daseins liegt keine Reflexion auf das Ich und das Selbst, und doch hat sich das Dasein selbst. Es *befindet* sich bei sich selbst. Es trifft sich da selbst an, womit es gemeinhin umgeht.

8. Das Dasein ist als Seiendes nicht zu beweisen, nicht einmal aufzuweisen. Der primäre Bezug zum Dasein ist nicht die Betrachtung, sondern das »es *sein*«. Das Sich-erfahren wie das Über-sich-sprechen, die Selbstauslegung, ist nur eine bestimmte ausgezeichnete Weise, in der das Dasein sich selbst jeweils hat. Durchschnittlich ist die Auslegung des Daseins von der Alltäglichkeit beherrscht, von dem, was man so über das Dasein und das menschliche Leben über-lieferter Weise meint, vom Man, von der Tradition.

In der Anzeige dieser Seinscharaktere ist alles unter die Voraussetzung gestellt, dieses Seiende sei an ihm

everyone with one another. Everyone is not himself. This Nobody by whom we ourselves are lived in *everydayness* is the *'One'*. One says, one listens, one is in favour of something, one is concerned with something. In the obstinacy of the domination of this One there lie the possibilities of my Dasein, and out of this levelling-down the 'I am' is possible. An entity that is the possibility of the 'I am' is as such, for the most part, an entity that *one* is.

6. In its specific everyday being-in-the-world, the entity thus characterized is one to whom *its Being matters.* Just as in all speaking about the world there lies Dasein's speaking out itself about itself, so *all concernful dealing* is a *concern for the Being of Dasein.* I myself am to a certain extent that which I deal with, that with which I occupy myself, that to which my profession chains me, and in these my Dasein takes place. *Care for Dasein has in each specific case placed Being in care,* Being as familiar and understood in the dominant interpretation of Dasein.

7. In the averageness of everyday Dasein there lies no reflection upon the ego or the self, and yet Dasein has itself. It *finds* itself *disposed* alongside itself. It comes across itself there in whatever it is generally dealing with.

8. Dasein cannot be proven as an entity, it cannot even be pointed out. The primary relation to Dasein is not that of contemplation, but *'being* it'. Experiencing oneself, like speaking about oneself, self-interpretation, is only one particular distinctive way in which Dasein has itself in each specific case. On average, the interpretation of Dasein is governed by everydayness, by what one traditionally says about Dasein and human life. It is governed by the 'One', by tradition.

In indicating these ontological characteristics, everything is subject to the presupposition that this entity

selbst für eine es auf sein Sein *auslegende* Forschung zugänglich. Ist diese Voraussetzung richtig oder kann sie wankend gemacht werden? In der Tat. Aber nicht aus der Berufung darauf, daß psychologische Betrachtung des Daseins ins Dunkle führt, kommt diese Schwierigkeit. Eine weit ernsthaftere Schwierigkeit als die, daß menschliches Erkennen begrenzt ist, soll sichtbar gemacht werden, so zwar, daß wir gerade in dem Nicht-ausweichen vor der Verlegenheit uns in die Möglichkeit bringen, das *Dasein in der Eigentlichkeit seines Seins* zu ergreifen.

Die *Eigentlichkeit des Daseins* ist das, was seine *äußerste Seinsmöglichkeit* ausmacht. Durch diese äußerste Möglichkeit des Daseins ist das Dasein primär bestimmt. Die Eigentlichkeit als äußerste Möglichkeit des Seins des Daseins ist die Seinsbestimmung, in der alle vorgennanten Charaktere das sind, was sie sind. Die Verlegenheit der Daseinserfassung gründet nicht in der Begrenztheit, Unsicherheit und Unvollkommenheit des Erkenntnisvermögens, sondern in dem Seienden selbst, das erkannt werden soll: in einer Grundmöglichkeit seines Seins.

Unter anderem wurde die Bestimmung genannt: Das Dasein ist in der Jeweiligkeit; sofern es ist, was es sein kann, ist es je das meinige. Die Bestimmung ist an diesem Sein eine durchgängige, konstitutive. Wer sie durchstreicht, hat an seinem Thema das verloren, wovon er spricht.

Wie aber soll dieses Seiende in seinem Sein erkannt werden, bevor es zu seinem Ende gekommen ist? Bin ich doch mit meinem Dasein immer noch unterwegs. Es ist immer noch etwas, was noch nicht zuende ist. Am Ende, wenn es soweit ist, ist es gerade nicht mehr. Vor diesem Ende ist es nie eigentlich, was es sein kann; und ist es das, dann ist es nicht mehr.

is accessible in itself for an inquiry that is to *interpret* it with respect to its Being. Is this presupposition correct, or can it be made to vacillate? Indeed it can. Yet this difficulty does not arise from appealing to the fact that psychological contemplation of Dasein leads to obscurity. A far more serious difficulty than the limited nature of human cognition must be made visible. And it is to be made visible in such a way that, precisely in not evading our perplexity, we attain the possibility of seizing *Dasein in the authenticity of its Being*.

The *authenticity of Dasein* is what constitutes its *most extreme possibility of Being*. Dasein is primarily determined by this most extreme possibility of Dasein. Authenticity as the most extreme possibility of Dasein's Being is that ontological determination in which all the aforementioned characters are what they are. The perplexity concerning our grasp of Dasein is grounded not in the limitation, uncertainty or incompleteness of our cognitive faculty, but in the very entity to be apprehended: it is grounded in a fundamental possibility of its Being.

We mentioned among other things that Dasein is determined by its specificity; in so far as it is what it can be, it is in each case mine. This determination is a thoroughgoing, constitutive one for this Being. Whoever crosses it out has lost whatever part of his theme he is talking about.

Yet how is this entity to be apprehended in its Being before it has reached its end? After all, I am still underway with my Dasein. It is still something that is not yet at an end. When it has reached the end, it precisely no longer is. Prior to this end, it never authentically is what it can be; and if it is the latter, then it no longer is.

Vermag das Dasein der Anderen Dasein im eigentlichen Sinne nicht zu ersetzen? Die Auskunft auf das Dasein Anderer, die mit mir waren und die zu Ende gekommen sind, ist eine schlechte Auskunft. Einmal ist es nicht mehr. Sein Ende wäre ja das Nichts. Darum vermag das Dasein der Anderen nicht Dasein im eigentlichen Sinne zu ersetzen, wenn anders die Jeweiligkeit als meinige festgehalten werden soll. Das Dasein des Anderen habe ich nie in der ursprünglichen Weise, der einzig angemessenen Art des Habens von Dasein: den Anderen *bin* ich nie.

Je weniger man Eile hat, sich von dieser Verlegenheit unvermerkt fortzuschleichen, je länger man dabei aushält, um so deutlicher wird sichtbar: in dem, was am Dasein diese Schwierigkeit bereitet, zeigt es sich in seiner äußersten Möglichkeit. Das Ende meines Daseins, mein Tod, ist nicht etwas, wobei ein Ablaufszusammenhang einmal abschnappt, sondern eine Möglichkeit, um die das Dasein so oder so weiß: die äußerste Möglichkeit seiner selbst, die es ergreifen, als bevorstehend aneignen kann. Das Dasein hat in sich selbst die Möglichkeit, sich mit seinem Tod zusammenzufinden als der äußersten Möglichkeit seiner selbst. Diese äußerste Seinsmöglichkeit ist vom Charakter des Bevorstehens in Gewißheit, und diese Gewißheit ist ihrerseits charakterisiert durch eine völlige Unbestimmtheit. Die Selbstauslegung des Daseins, die jede andere Aussage an Gewißheit und Eigentlichkeit überragt, ist die Auslegung auf seinen Tod, die *unbestimmte Gewißheit der eigensten Möglichkeit des Zu-Ende-seins*.

Was soll das für unsere Frage, was die Zeit sei, und besonders für die nächste Frage, was das Dasein in der Zeit sei? Das Dasein, immer in der Jeweiligkeit des

Is the Dasein of Others not able to substitute for Dasein in the authentic sense? Information on the Dasein of Others who were with me and who have reached an end is poor information. For one thing, such Dasein no longer is. Its end would indeed be the Nothing. For this reason the Dasein of Others is unable to substitute for Dasein in the authentic sense, if indeed we are to retain its specificity as mine. I never have the Dasein of the Other in the original way, the sole appropriate way of having Dasein: I never *am* the Other.

The less one is in a hurry to steal away unnoticed from this perplexity, the longer one endures it, the more clearly one sees that in whatever creates this difficulty for Dasein, Dasein shows itself in its most extreme possibility. The end of my Dasein, my death, is not some point at which a sequence of events suddenly breaks off, but a possibility which Dasein knows of in this or that way: the most extreme possibility of itself, which it can seize and appropriate as standing before it. Dasein has in itself the possibility of meeting with its death as the most extreme possibility of itself. This most extreme possibility of Being has the character of a standing-before in certainty, and this certainty for its part is characterized by an utter indeterminacy. The self-interpretation of Dasein which towers over every other statement of certainty and authenticity is its interpretation with respect to its death, the *indeterminate certainty of its ownmost possibility of being at an end.*

How does this concern our question of what time is, and especially the initial question of what Dasein is in time? Dasein, as always specifically mine in each case, knows of its death and does so even when it wants to

jemeinigen, weiß um seinen Tod, und das auch dann, wenn es nichts von ihm wissen will. Was ist dieses: *je den eigenen Tod haben? Es ist ein Vorlaufen des Daseins zu seinem Vorbei als einer in Gewißheit und völliger Unbestimmtheit bevorstehenden äußersten Möglichkeit seiner selbst. Dasein* als menschliches Leben *ist primär Möglichsein,* das Sein der Möglichkeit des gewissen und dabei unbestimmten Vorbei.

Das Sein der Möglichkeit ist dabei immer die Möglichkeit so, daß sie um den Tod weiß, zumeist in dem Sinn: ich weiß schon, aber ich denke nicht daran. Um den Tod weiß ich zumeist in der Art des zurückweichenden Wissens. Als Daseinsauslegung hat es dieses Wissen gleich bei der Hand, diese Möglichkeit seines Seins zu verstellen. Das Dasein hat selbst die Möglichkeit, seinem Tod auszuweichen.

Dieses Vorbei, als zu welchem ich vorlaufe, macht in diesem meinem Vorlaufen zu ihm eine Entdeckung: es ist das Vorbei von *mir.* Als dieses Vorbei deckt es mein Dasein auf als einmal nicht mehr da; einmal bin ich nicht mehr da bei den und den Sachen, bei den und den Menschen, bei diesen Eitelkeiten, diesen Winkelzügen und dieser Geschwätzigkeit. Das Vorbei jagt alle Heimlichkeiten und Betriebsamkeiten auseinander, das Vorbei nimmt alles mit sich in das Nichts. Das Vorbei ist keine Begebenheit, kein Vorfall in meinem Dasein. Es ist ja *sein Vorbei,* nicht ein Was an ihm, das sich ereignet, das ihm zustößt und das es ändert. Dieses Vorbei ist kein Was, sondern ein Wie, und zwar das eigentliche Wie meines Daseins. Dieses Vorbei, zu dem ich als dem meinigen vorlaufen kann, ist kein Was, sondern das Wie meines Daseins schlechthin.

Sofern das Vorlaufen zu dem Vorbei dieses im Wie der Jeweiligkeit festhält, wird das Dasein selbst sichtbar in seinem Wie. Das Vorlaufen zu dem Vorbei ist

know nothing of it. What is it *to have one's own death in each case? It is Dasein's running ahead to its past, to an extreme possibility of itself that stands before it in certainty and utter indeterminacy. Dasein* as human life *is primarily being possible,* the Being of the possibility of its certain yet indeterminate past.

The Being of possibility here always is the possibility in such a way that this possibility knows of death, for the most part in the sense that 'I already know, but am not thinking about it.' For the most part I know of death in the manner of a knowing that shrinks back. As an interpretation of Dasein, this knowing is immediately on hand to disguise the possibility of its Being. Dasein itself has the possibility of evading its death.

This past, as that to which I run ahead, here makes a discovery in my running ahead to it: it is *my* past. As this past it uncovers my Dasein as suddenly no longer there; suddenly I am no longer there alongside such and such things, alongside such and such people, alongside these vanities, these tricks, this chattering. The past scatters all secretiveness[10] and busyness, the past takes everything with it into the Nothing. The past is not some occurrence, not some incident in my Dasein. It is *its past,* not some 'what' about Dasein, some event that happens to Dasein and alters it. This past is not a 'what', but a 'how', indeed the authentic 'how' of my Dasein. This past, to which I can run ahead as mine, is not some 'what', but the 'how' of my Dasein pure and simple.

In so far as running ahead to this past maintains the past in its specific 'how', the 'how' of Dasein itself becomes visible. Running ahead to the past is Dasein's

das Anlaufen des Daseins gegen seine äußerste Möglichkeit; und sofern dieses »Anlaufen gegen« ernst ist, wird es in diesem Laufen zurückgeworfen in das Noch-dasein seiner selbst. Es ist das Zurückkommen des Daseins auf seine Alltäglichkeit, die es noch ist, so zwar, daß das Vorbei als eigentliches Wie auch die Alltäglichkeit in ihrem Wie aufdeckt, in ihrer Geschäftigkeit und ihrem Betrieb in das Wie zurücknimmt. Alles Was und Sorgen und Plänemachen bringt es in das Wie zurück.

Dieses Vorbei-von als das Wie bringt das Dasein unnachsichtig in seine einzige Möglichkeit seiner selbst, läßt es sich ganz allein auf sich selbst stellen. Dieses Vorbei vermag, das Dasein inmitten der Herrlichkeit seiner Alltäglichkeit in die Unheimlichkeit zu stellen. Der Vorlauf ist, sofern er die äußerste Möglichkeit des Daseins ihm vorhält, der Grundvollzug der Daseinsauslegung. Der Vorlauf reißt die Grundhinsicht an sich, unter die das Dasein sich stellt. Er zeigt zugleich: die Grundkategorie dieses Seienden ist das Wie.

Vielleicht ist es kein Zufall, daß Kant das Grundprinzip seiner Ethik so bestimmte, daß wir sagen, es sei formal. Er wußte vielleicht aus einer Vertrautheit mit dem Dasein selbst, daß es das Wie ist. Erst den heutigen Propheten blieb es vorbehalten, das Dasein so zu organisieren, daß das Wie verdeckt wird.

Das Dasein ist eigentlich bei ihm selbst, es ist wahrhaft existent, wenn es sich in diesem Vorlaufen hält. *Dieses Vorlaufen ist* nichts anderes als *die eigentliche und einzige Zukunft des eigenen Daseins.* Im Vorlaufen *ist* das Dasein seine Zukunft, so zwar, daß es in diesem Zukünftigsein auf seine Vergangenheit und Gegenwart zurückkommt. Das Dasein, begriffen in seiner

running up against its most extreme possibility; and in so far as this 'running up against' is serious, Dasein in this running is thrown back upon itself as still Dasein. This is Dasein's coming back to its everydayness which it still is, such that the past as authentic 'how' also uncovers everydayness in its 'how', takes it in its bustle and its busyness back into its 'how'. The past brings all 'what', all taking care of and making plans, back into the 'how'.

This being past, as the 'how', brings Dasein harshly into its sole possibility of itself, allows it to stand entirely alone with respect to itself. This past is able to place Dasein, amid the glory of its everydayness, into uncanniness.[11] In so far as it holds before Dasein its most extreme possibility, running ahead is the fundamental way in which the interpretation of Dasein is carried through. Running ahead seizes for itself the fundamental respect in which Dasein places itself. It simultaneously shows that the fundamental category of this entity is its 'how'.

Perhaps it is no accident that Kant determined the fundamental principle of his ethics in such a way that we call it formal. He perhaps knew from a familiarity with Dasein itself that it is its 'how'. It was left to contemporary prophets to organize Dasein in such a way that the 'how' is covered up.

Dasein is authentically alongside itself, it is truly existent, whenever it maintains itself in this running ahead. *This running ahead is* nothing other than *the authentic and singular future of one's own Dasein.* In running ahead Dasein *is* its future, in such a way that in this being futural it comes back to its past and present. Dasein, conceived in its most extreme

äußersten Seinsmöglichkeit, *ist die Zeit selbst*, nicht *in* der Zeit. Das so charakterisierte Zukünftigsein ist als das eigentliche Wie des Zeitlichseins die Seinsart des Daseins, in der und aus der es sich seine Zeit gibt. Im Vorlaufen mich haltend bei meinem Vorbei habe ich Zeit. Alles Gerede, das, worin es sich hält, alle Unrast, alle Geschäftigkeit, aller Lärm und alles Gerenne bricht zusammen. Keine Zeit haben heißt, die Zeit in die schlechte Gegenwart des Alltags werfen. Zukünftigsein gibt Zeit, bildet die Gegenwart aus und läßt die Vergangenheit im Wie ihres Gelebtseins wiederholen.

Auf die Zeit gesehen besagt das: *das Grundphänomen der Zeit ist die Zukunft*. Um das zu sehen und nicht als interessantes Paradox zu verkaufen, muß das jeweilige Dasein sich in seinem Vorlaufen halten. Dabei offenbart sich: der ursprüngliche Umgang mit der Zeit ist kein Messen. Das Zurückkommen im Vorlaufen ist ja selbst das Wie des Besorgens, in dem ich gerade ver-weile. Dieses Zurückkommen kann nie das werden, was man langweilig nennt, was sich verbraucht, was abgenutzt wird. Die Jeweiligkeit ist dadurch ausgezeichnet, daß sie aus dem Vorlaufen in die eigentliche Zeit alle Zeit jeweilig für sich hat. Die Zeit wird nie lang, weil sie ursprünglich keine Länge hat. Das Vorlaufen-zu fällt in sich zusammen, wenn es verstanden wird als Frage nach dem Wann und Wie-lange-noch des Vorbei, weil Anfragen an das Vorbei im Sinne des Wie-lange-noch und Wann gar nicht beim Vorbei sind in der charakterisierten Möglichkeit; sie klammern sich gerade an das Noch-nicht-vorbei, sie beschäftigen sich mit dem, was mir möglicherweise noch bleibt. Dieses Fragen ergreift nicht die Unbestimmtheit der Gewißheit des Vorbei, sondern will gerade die unbestimmte Zeit bestimmen. Das Fragen ist ein Loskommenwollen

possibility of Being, *is time itself*, not *in* time. Being futural as we have characterized it is, as the authentic 'how' of being temporal, that way of Being of Dasein in which and out of which it gives itself its time. Maintaining myself alongside my past in running ahead I have time. All idle talk, that in which such idle talk maintains itself, all restlessness, all busyness, all noise and all racing around breaks down. To have no time means to cast time into the bad present of the everyday. Being futural gives time, cultivates the present and allows the past to be repeated in how it is lived.

With regard to time, this means that *the fundamental phenomenon of time is the future*. In order to see this without selling it as an interesting paradox, each specific Dasein must maintain itself in its running ahead. In so doing it becomes manifest that the original way of dealing with time is not a measuring. Coming back in running ahead is itself the 'how' of that concern in which I am precisely tarrying. This coming back can never become what one calls boring, that which uses itself up and becomes worn out. What is distinctive about specificity is that, through running ahead into authentic time, it has all time for itself in each specific case.[12] Time never becomes long because it originally has no length. Running ahead to . . . collapses if it is understood as a question of the 'when' and 'how much longer' of the past, because inquiries about the past in the sense of 'how much longer' and 'when' are not at all alongside the past in the possibility we have characterized; they cling precisely to that which is not yet past and busy themselves with what may possibly remain for me. This questioning does not seize the indeterminacy of the certainty of the past, but precisely wishes to determine indeterminate time. This questioning wants to free itself of the past in what it is,

vom Vorbei in dem, was es ist: unbestimmt und als unbestimmt gewiß. Solches Fragen ist so wenig ein Vorlaufen zum Vorbei, daß es gerade die charakteristische Flucht vor dem Vorbei organisiert.

Das Vorlaufen ergreift das Vorbei als eigentliche Möglichkeit jedes Augenblicks, als das jetzt Gewisse. Das Zukünftigsein als Möglichkeit des Daseins als jeweiligen gibt Zeit, weil es die Zeit selbst *ist*. So wird zugleich sichtbar, daß die Frage nach dem Wieviel der Zeit, Wielange und Wann, sofern die Zukünftigkeit eigentlich die Zeit ist, daß diese Frage der Zeit unangemessen bleiben muß. Nur wenn ich sage: die Zeit zu berechnen hat die Zeit eigentlich keine Zeit, so ist dies eine angemessene Aussage.

Doch haben wir das Dasein, das selbst die Zeit sein soll, kennengelernt als mit der Zeit rechnend, ja sogar sie messend mit der Uhr. Das Dasein ist da mit der Uhr, wenn auch nur der nächst alltäglichen von Tag und Nacht. Das Dasein rechnet und fragt nach dem Wieviel der Zeit, ist daher nie bei der Zeit in der Eigentlichkeit. So fragend nach dem Wann und Wieviel verliert das Dasein seine Zeit. Was ist mit diesem Fragen als dem die Zeit verlierenden? Wohin kommt die Zeit? Gerade das Dasein, das mit der Zeit rechnet, mit der Uhr in der Hand lebt, dieses mit der Zeit rechnende Dasein sagt ständig: ich habe keine Zeit. Verrät es damit nicht sich selbst in dem, was es mit der Zeit macht, sofern es ja selbst die Zeit ist? Die Zeit verlieren und sich dazu die Uhr anschaffen! Bricht hier nicht die Unheimlichkeit des Daseins auf?

Die Frage nach dem Wann des unbestimmten Vorbei und überhaupt nach dem Wieviel der Zeit ist die Frage nach dem, was mir noch bleibt, noch bleibt als Gegenwart. Die Zeit in das Wieviel bringen besagt: sie als Jetzt der Gegenwart nehmen. Nach dem Wieviel der

namely, indeterminate, and as indeterminate, certain. Such questioning is so little a running ahead to the past that it precisely organizes the characteristic flight in the face of the past.

Running ahead seizes the past as the authentic possibility of every moment of insight, as what is now certain. Being futural, as a possibility of Dasein as specific, gives time, because it *is* time itself. Thus it simultaneously becomes visible that the question of 'how much' time, 'how long' and 'when' – to the extent that futuricity is authentically time – that this question must remain inappropriate to time. Only if I say that time authentically has no time to calculate time is this an appropriate assertion.

Yet we became acquainted with Dasein, which itself is supposed to be time, as reckoning with time, indeed even measuring it with the clock. Dasein is there with the clock, albeit only the most proximate, everyday clock of day and night. Dasein reckons with and asks after the 'how much' of time, and is therefore never alongside time in its authenticity. Asking in this way about the 'when' and 'how much', Dasein loses its time. How do things stand with this asking as an asking that loses time? Where does time go to? Precisely that Dasein which reckons with time and lives with its watch in its hand – this Dasein that reckons with time constantly says 'I have no time.' Does it not thereby betray itself in what it does with time, in so far as it itself is, after all, time? Losing time and acquiring a clock for this purpose! Does not the uncanniness of Dasein irrupt here?

The question of the 'when' of the indeterminate past, and in general of the 'how much' of time, is the question of what still remains for me, still remains as present. To bring time into the 'how much' means to

Zeit fragen heißt, in dem Besorgen eines gegenwärtigen Was aufgehen. Das Dasein flieht vor dem Wie und hängt sich an das jeweilige gegenwärtige Was. Das Dasein ist das, was es besorgt; das Dasein ist seine Gegenwart. Alles, was in der Welt begegnet, begegnet ihm als im Jetzt sich aufhaltend; so begegnet ihm die Zeit selbst, die je das Dasein ist, aber ist als Gegenwart.

Das Besorgen als Aufgehen in der Gegenwart ist gleichwohl als Sorge bei einem Noch-nicht, das erst in der Sorge darum erledigt werden soll. Das Dasein ist auch in der Gegenwart seines Besorgens die volle Zeit, so zwar, daß es die Zukunft nicht los wird. Die Zukunft ist jetzt das, worin die Sorge hängt, nicht das eigentliche Zukünftigsein des Vorbei, sondern die Zukunft, die sich die Gegenwart selbst als die ihrige ausbildet, weil das Vorbei als die eigentliche Zukunft nie gegenwärtig werden kann. Wäre sie das, so wäre sie das Nichts. Die Zukünftigkeit, in der die Sorge hängt, ist solche von Gnaden der Gegenwart. Und das Dasein, als im Jetzt der gegenwärtigen Welt aufgehend, will es so wenig wahrhaben, daß es sich von der eigentlichen Zukünftigkeit fortgeschlichen hat, daß es sagt, es hätte die Zukunft ergriffen in der Sorge um die Menschheitsentwicklung und Kultur etc.

Das Dasein als besorgende Gegenwart hält sich bei dem auf, was es besorgt. Es wird überdrüssig im Was, überdrüssig, den Tag auszufüllen. Dem Dasein als Gegenwart-sein, das nie Zeit hat, diesem Dasein wird die Zeit plötzlich lange. Die Zeit wird leer, weil das Dasein die Zeit in der Frage nach dem Wieviel im vorhinein lang gemacht hat, während das ständige Zurückkommen im Vorlaufen auf das Vorbei nie langweilig wird. Das Dasein möchte, daß ständig Neues in die eigene Gegenwart begegnet. In der Alltäglichkeit begegnet das Weltgeschehen in die Zeit, in die Gegenwart. Der

take it as the now of the present. To ask after the 'how much' of time means to become absorbed in concern with some 'what' that is present. Dasein flees in the face of the 'how' and clings to the specific 'what' that is present. Dasein is what it is concerned with; Dasein is its present. Everything that is encountered in the world is encountered by Dasein as residing in the now; thus it encounters the time itself that Dasein in each case is, but is as present.

Concern as absorption in the present is, as care, nonetheless alongside a not-yet that is first to be attended to in taking care of it. Even in the present of its concern, Dasein is the whole of time, in such a way that it does not get rid of the future. The future is now that to which care clings – not the authentic, futural being of the past, but the future that the present itself cultivates for itself as its own, because the past as the authentic future can never become present. If it were present, it would be the Nothing. The futuricity to which care clings is such by grace of the present. And Dasein, as absorbed in the now of the present world, is so little ready to admit that it has stolen away from authentic futuricity that it says it has seized upon the future out of care for the development of mankind, culture, etc.

Dasein as concernful present resides alongside whatever it is concerned with. It grows weary in the 'what', weary to fill up the day. Time suddenly becomes long for Dasein as being-present, for this Dasein that never has time. Time becomes empty because Dasein, in asking about the 'how much', has in advance made time long, whereas its constantly coming back in running ahead towards the past never becomes boring.[13] Dasein would like constantly to encounter new things in its own present. In everydayness the happening of the world is encountered in time, in the present. The

Alltag lebt mit der Uhr, das besagt: das Besorgen kommt ohne Ende auf das Jetzt zurück; es sagt: jetzt, von jetzt bis dann, zum nächsten Jetzt.

Dasein, bestimmt als Miteinandersein, besagt zugleich: geführt sein von der herrschenden Auslegung, die das Dasein von sich selbst gibt; von dem, was *man* meint, von der Mode, von den Strömungen, von dem, was los ist: die Strömung, die keiner ist, das, was Mode ist: niemand. Das Dasein ist in der Alltäglichkeit nicht das Sein, das *ich* bin, vielmehr ist die Alltäglichkeit des Daseins dasjenige Sein, das *man* ist. Und demnach ist das Dasein die Zeit, in der *man* miteinander ist: die »Man«-Zeit. Die Uhr, die *man* hat, jede Uhr zeigt die Zeit des Miteinander-in-der-Welt-seins.

Wir treffen in der Geschichtsforschung relevante, aber noch ganz ungeklärte Phänomene wie das der Generationen, des Generationszusammenhangs, die mit diesen Phänomenen zusammenhängen. Die Uhr zeigt uns das Jetzt, aber keine Uhr zeigt je die Zukunft und hat je Vergangenheit gezeigt. Alles Zeitmessen besagt: die Zeit in das Wieviel bringen. Wenn ich mit der Uhr das zukünftige Eintreffen eines Ereignisses bestimme, dann meine ich nicht die Zukunft, sondern bestimme das Wielange meines jetzt Wartens bis zu dem besagten Jetzt. Die Zeit, die eine Uhr zugänglich macht, ist als gegenwärtige gesehen. Wenn versucht wird, an der Naturzeit abzunehmen, was die Zeit sei, dann ist das νῦν das μέτρον für Vergangenheit und Zukunft. Dann ist die Zeit schon als Gegenwart ausgelegt, Vergangenheit ist interpretiert als Nicht-mehr-Gegenwart, Zukunft als unbestimmte Noch-nicht-Gegenwart: Vergangenheit ist unwiederbringlich, Zukunft unbestimmt.

Daher spricht die Alltäglichkeit von sich als das, in das hinein die Natur ständig begegnet. Die Gescheh-

everyday lives by the clock, that is, concern incessantly comes back to the now; it says: now, from now till then, till the next now.

Dasein, determined as being-with-one-another, simultaneously means being led by the dominant interpretation that Dasein gives of itself; by whatever *one* says, by fashion, by trends, by what is going on: the trend that no one is, whatever is the fashion: nobody. In everydayness Dasein is not that Being that *I* am. Rather the everydayness of Dasein is that Being that *one* is. And Dasein, accordingly, is the time in which *one* is with one another: 'one's' time. The clock that *one* has, every clock, shows the time of being-with-one-another-in-the-world.

In research into history we find relevant but as yet quite unclarified phenomena, such as that of generations, of the connection between generations, phenomena which are tied in with these phenomena we are dealing with. The clock shows us the now, but no clock ever shows the future or has ever shown the past. All measuring of time means bringing time into the 'how much'. If I determine by the clock the point at which a future event will occur, then it is not the future that is meant; rather, what I determine is 'how long' I now have to wait until the now intended. The time made accessible by a clock is regarded as present. If the attempt is made to derive from the time of nature what time is, then the νῦν [now] is the μέτρον [measure] of past and future. Then time is already interpreted as present, past is interpreted as no-longer-present, future as indeterminate not-yet-present: past is irretrievable, future indeterminate.

For this reason everydayness speaks of itself as that within which nature is constantly encountered. That

nisse sind in der Zeit, das heißt nicht: sie haben Zeit, sondern vorkommend und daseiend begegnen sie als durch eine Gegenwart hindurchlaufend. Diese Gegenwartszeit wird expliziert als Ablaufsfolge, die ständig durch das Jetzt rollt; ein Nacheinander, von dem gesagt wird: der Richtungssinn ist ein einziger und nicht umkehrbar. Alles Geschehende rollt aus endloser Zukunft in die unwiederbringliche Vergangenheit.

An dieser Auslegung ist ein Doppeltes charakteristisch: 1. die Nicht-Umkehrbarkeit, 2. die Homogenisierung auf Jetztpunkte.

Die *Nicht-Umkehrbarkeit* begreift in sich, was diese Explikation noch von der eigentlichen Zeit erhaschen kann. Das bleibt übrig von der Zukünftigkeit als Grundphänomen der Zeit als Dasein. Diese Betrachtung sieht von der Zukunft weg in die Gegenwart, und aus dieser läuft die Betrachtung der fliehenden Zeit in die Vergangenheit nach. Die Bestimmung der Zeit in ihrer Nicht-Umkehrbarkeit gründet darin, daß die Zeit vorher umgekehrt wurde.

Die *Homogenisierung* ist eine Angleichung der Zeit an den Raum, an schlechthinnige Präsenz; die Tendenz, alle Zeit in eine Gegenwart aus sich fortzudrängen. Sie wird völlig mathematisiert, zu der Koordinate t neben den Raumkoordinaten x, y, z. Sie ist nicht umkehrbar. Das ist das einzige, worin sich die Zeit noch zu Worte meldet, worin sie einer endgültigen Mathematisierung widersteht. Vorher und Nachher sind nicht notwendig Früher und Später, nicht Weisen der Zeitlichkeit. In der Zahlenreihe zum Beispiel ist die 3 vor der 4, die 8 nach der 7. Die 3 ist deshalb aber nicht früher als die 4. Die Zahlen sind nicht früher oder später, weil sie überhaupt nicht in der Zeit sind. Früher und Später sind ein ganz bestimmtes Vorher und Nachher. Ist einmal die Zeit als Uhrzeit definiert,

occurrences are in time means not that they have time, but that, as occurring and existing there, they are encountered as running through a present. This time of the present is explicated as a sequence constantly rolling through the now; a sequence whose directional sense is said to be singular and irreversible. Everything that occurs rolls out of an infinite future into an irretrievable past.

Two things are characteristic of this interpretation: (1) irreversibility; (2) homogenizing into now-points. *Irreversibility* comprises whatever remains of authentic time for this explication to seize upon. This is what remains of futuricity as the fundamental phenomenon of time as Dasein. This way of viewing it looks away from the future towards the present, and from out of the present its view runs after time which flees into the past. The determination of time in its irreversibility is grounded in the fact that time was reversed beforehand.

Homogenization is an assimilation of time to space, to Presence[14] pure and simple; it is the tendency to expel all time from itself into a present. Time becomes fully mathematized, becomes the coordinate t alongside the spatial coordinates x, y, z. Time is irreversible. This irreversibility is the sole factor by which time still announces itself in words, the sole respect in which it resists any ultimate mathematization. Before and afterwards are not necessarily earlier and later, are not ways of temporality. In the arithmetic sequence, for example, the 3 is before the 4, the 8 after the 7. Yet the 3 is not earlier than the 4 on this account. Numbers are not earlier or later, because they are not in time at all. Earlier and later are a quite determinate before and afterwards. Once time has been defined as clock time

so ist es hoffnungslos, je zu ihrem ursprünglichen Sinn zu gelangen.

Daß aber die Zeit zunächst und zumeist so definiert wird, liegt im Dasein selbst. Die Jeweiligkeit ist konstitutiv. Das Dasein ist das meinige in seiner Eigentlichkeit nur als mögliches. Das Dasein ist zumeist da in der Alltäglichkeit, welche selbst aber als die bestimmte Zeitlichkeit, die vor der Zukünftigkeit flüchtig ist, nur verstanden werden kann, wenn sie mit der eigentlichen Zeit des Zukünftigseins des Vorbei konfrontiert wird. Was das Dasein von der Zeit sagt, spricht es von der Alltäglichkeit her. Das Dasein als in seiner Gegenwart hängend sagt: die Vergangenheit ist das Vorbei, sie ist unwiederbringlich. Das ist die Vergangenheit der Gegenwart des Alltags, der in der Gegenwart seiner Betriebsamkeiten sich aufhält. Darum sieht das Dasein als so bestimmte Gegenwart das Vergangene nicht.

Die Betrachtung der Geschichte, die in der Gegenwart aufwächst, sieht in ihr nur unwiederbringliche Betriebsamkeit: das, was los war. Die Betrachtung dessen, was los war, ist unerschöpflich. Sie verliert sich im Stoff. Weil diese Geschichte und Zeitlichkeit der Gegenwart gar nicht an die Vergangenheit herankommt, hat sie nur eine andere Gegenwart. Vergangenheit bleibt so lange einer Gegenwart verschlossen, als diese, das Dasein, nicht selbst geschichtlich ist. Das Dasein ist aber geschichtlich an ihm selbst, so fern es seine Möglichkeit ist. Im Zukünftigsein ist das Dasein seine Vergangenheit; es kommt darauf zurück im Wie. Die Weise des Zurückkommens ist unter anderem das Gewissen. Nur das Wie ist wiederholbar. Vergangenheit – als eigentliche Geschichtlichkeit erfahren – ist alles andere denn das Vorbei. Sie ist etwas, worauf ich immer wieder zurückkommen kann.

then there is no hope of ever arriving at its original meaning again.

Yet the fact that time is at first and for the most part defined in this way lies in Dasein itself. Specificity is constitutive. Dasein is mine in its authenticity only as possible Dasein. For the most part Dasein is there in everydayness. Everydayness, however, as that particular temporality which flees in the face of futuricity, can only be understood when confronted with the authentic time of the futural being of the past. What Dasein says about time it speaks from out of everydayness. Dasein as clinging to its present says: the past is what is past, it is irretrievable. This is the past of the everyday present which resides in the present of its busyness. This is why Dasein, thus determined as present, fails to see what is past.

That way of viewing history arising in the present merely sees in history an irretrievable busyness: what was going on. The contemplation of what was going on is inexhaustible. It loses itself in its material. Because this history and temporality of the present utterly fail to attain the past, they merely have another present. The past remains closed off from any present so long as such a present, Dasein, is not itself historical. Dasein, however, is in itself historical in so far as it is its possibility. In being futural Dasein is its past; it comes back to it in the 'how'. The manner of its coming back is, among other things, conscience.[15] Only the 'how' can be repeated. The past – experienced as authentic historicity – is anything but what is past. It is something to which I can return again and again.

Die heutige Generation meint, sie sei bei der Geschichte, sie sei sogar überlastet mit Geschichte. Sie jammert über den Historismus – lucus a non lucendo. Es wird etwas Geschichte genannt, was gar nicht Geschichte ist. Weil alles in Geschichte aufgehe, müsse man, so sagt die Gegenwart, wieder zum Übergeschichtlichen kommen. Nicht genug, daß das heutige Dasein sich in die gegenwärtige Pseudogeschichte verloren hat, es muß auch den letzten Rest ihrer Zeitlichkeit (d.i. des Daseins) dazu benutzen, um sich ganz aus der Zeit, dem Dasein, fortzustehlen. Und auf diesem phantastischen Wege zur Übergeschichtlichkeit soll die Weltanschauung gefunden werden. (Das ist die Unheimlichkeit, die die Zeit der Gegenwart ausmacht.)

Die gemeine Daseinsauslegung droht mit der Gefahr des Relativismus. Aber die Angst vor dem Relativismus ist die Angst vor dem Dasein. Vergangenheit als eigentliche Geschichte ist wiederholbar im Wie. *Die Zugangsmöglichkeit zur Geschichte gründet in der Möglichkeit, nach der es eine Gegenwart jeweils versteht, zukünftig zu sein. Das ist der erste Satz aller Hermeneutik.* Er sagt etwas über das Sein des Daseins, das die Geschichtlichkeit selbst ist. Philosophie wird nie dahinter-kommen, was Geschichte ist, solange sie Geschichte als Betrachtungsgegenstand der Methode zergliedert. Das Rätsel der Geschichte liegt in dem, was es heißt, geschichtlich zu *sein*.

Zusammenfassend ist zu sagen: Zeit ist Dasein. Dasein ist meine Jeweiligkeit, und sie kann die Jeweiligkeit im Zukünftigen sein im Vorlaufen zum gewissen aber unbestimmten Vorbei. Das Dasein ist immer in einer Weise seines möglichen Zeitlichseins. Das Dasein ist die Zeit, die Zeit ist zeitlich. Das Dasein ist nicht die Zeit, sondern die Zeitlichkeit. Die Grundaussage:

The present generation thinks it has found history, it thinks it is even overburdened with history. It moans about historicism – *lucus a non lucendo*. Something is called history which is not history at all. According to the present, because everything is dissolved into history, one must attain the supra-historical again. It is not enough that contemporary Dasein has lost itself in the present pseudo-history, it also has to use the last remainder of its temporality (i.e., of Dasein) in order entirely to steal away from time, from Dasein. And it is on this fantastical path to supra-historicity that we are supposed to find the *Weltanschauung*. (This is the uncanniness that constitutes the time of the present.)

The common interpretation of Dasein carries the dangerous threat of relativism. But anxiety in the face of relativism is anxiety in the face of Dasein. The past as authentic history can be repeated in its 'how'. *The possibility of access to history is grounded in the possibility according to which any specific present understands how to be futural. This is the first principle of all hermeneutics.* It says something about the Being of Dasein, which is historicity itself. Philosophy will never get to the root of what history is so long as it analyses history as an object of contemplation for method. The enigma of history lies in what it means to *be* historical.

Summing up, we may say: time is Dasein. Dasein is my specificity, and this can be specificity in what is futural by running ahead to the certain yet indeterminate past. Dasein always is in a manner of its possible temporal being. Dasein is time, time is temporal. Dasein is not time, but temporality. The fundamental

die Zeit ist zeitlich, ist daher die eigentlichste Bestimmung – und sie ist keine Tautologie, weil das Sein der Zeitlichkeit ungleiche Wirklichkeit bedeutet. Das Dasein ist sein Vorbei, ist seine Möglichkeit im Vorlaufen zu diesem Vorbei. In diesem Vorlaufen bin ich die Zeit eigentlich, habe ich Zeit. Sofern die Zeit je meinige ist, gibt es viele Zeiten. *Die* Zeit ist sinnlos; Zeit ist zeitlich.

Wird die Zeit so als Dasein verstanden, dann klärt sich erst recht auf, was die überlieferte Aussage von der Zeit meint, wenn sie sagt: die Zeit ist das rechte principium individuationis. Das versteht man zumeist als nicht umkehrbare Sukzession, als Gegenwartszeit und Naturzeit. Inwiefern aber ist die Zeit als eigentliche das Individuationsprinzip, d.h. das, von wo aus das Dasein in der Jeweiligkeit ist? Im Zukünftigsein des Vorlaufens wird das Dasein, das im Durchschnittlichen ist, es selbst; im Vorlaufen wird es sichtbar als die einzige Diesmaligkeit seines einzigen Schicksals in der Möglichkeit seines einzigen Vorbei. Diese Individuation hat das Eigentümliche, daß sie es nicht zu einer Individuation kommen läßt im Sinne der phantastischen Herausbildung von Ausnahmeexistenzen; sie schlägt alles Sich-heraus-nehmen nieder. Sie individuiert so, daß sie alle gleich macht. Im Zusammensein mit dem Tode wird jeder in das Wie gebracht, das jeder gleichmäßig sein kann; in eine Möglichkeit, bezüglich der keiner ausgezeichnet ist; in das Wie, in dem alles Was zerstäubt.

Zum Schluß eine Probe auf die Geschichtlichkeit und die Möglichkeit, zu wiederholen. Aristoteles pflegte oft in seinen Schriften einzuschärfen, das Wichtigste sei die rechte παιδεία, die ursprüngliche Sicherheit in einer Sache, erwachsen aus einer Vertrautheit mit der

assertion that *time is temporal* is therefore the most authentic determination – and it is not a tautology, because the Being of temporality signifies non-identical actuality. Dasein is its past, it is its possibility in running ahead to this past. In this running ahead I am authentically time, I have time. In so far as time is in each case mine, there are many times. *Time itself* is meaningless; time is temporal.

If time is understood in this way as Dasein, then it indeed becomes clear what the traditional assertion about time means when it says that time is the proper *principium individuationis.* This is for the most part understood in terms of irreversible succession, in terms of the time of the present and the time of nature. Yet to what extent is time, as authentic, the principle of individuation, i.e., that starting from which Dasein is in specificity? In being futural in running ahead, the Dasein that on average is becomes itself; in running ahead it becomes visible as this one singular uniqueness of its singular fate in the possibility of its singular past. What is properly peculiar about this individuation is that it does not let things get as far as any individuation in the sense of the fantastical emergence of exceptional existences; it strikes down all becoming-exceptional. It individuates in such a way that it makes everyone equal. In being together with death everyone is brought into the 'how' that each can be in equal measure; into a possibility with respect to which no one is distinguished; into the 'how' in which all 'what' dissolves into dust.

In conclusion, let us put historicity, and the possibility of repetition, to the test. Aristotle often used to emphasize in his writings that the most important thing is the correct παιδεία, original assurance in a

Sache selbst, die Sicherheit des angemessenen Umgehens mit der Sache. Um dem Seinscharakter dessen, was hier Thema ist, zu entsprechen, müssen wir von der Zeit zeitlich reden. Wir wollen die Frage, was die Zeit sei, zeitlich wiederholen. Die Zeit ist das Wie. Wenn nachgefragt wird, was die Zeit sei, dann darf man sich nicht voreilig an eine Antwort hängen (das und das ist die Zeit), die immer ein Was besagt.

Sehen wir nicht auf die Antwort, sondern wiederholen wir die Frage. Was geschah mit der Frage? Sie hat sich gewandelt. Was ist die Zeit? wurde zur Frage: Wer ist die Zeit? Näher: sind wir selbst die Zeit? Oder noch näher: bin ich meine Zeit? Damit komme ich ihr am nächsten, und wenn ich die Frage recht verstehe, dann ist mit ihr alles ernst geworden. Also ist solches Fragen die angemessenste Zugangs- und Umgangsart mit der Zeit als mit der je meinigen. Dann wäre Dasein Fraglichsein.

matter, emerging from a familiarity with the matter itself, the assurance of the appropriate manner of dealing with the matter.[16] In order to speak in keeping with the ontological character of our theme here, we must talk temporally about time. We wish to repeat temporally the question of what time is. Time is the 'how'. If we inquire into what time is, then one may not cling prematurely to an answer (time is such and such), for this always means a 'what'.

Let us disregard the answer and repeat the question. What happened to the question? It has transformed itself. What is time? became the question: Who is time? More closely: are we ourselves time? Or closer still: am I my time? In this way I come closest to it, and if I understand the question correctly, it is then taken completely seriously. Such questioning is thus the most appropriate manner of access to and of dealing with time as in each case mine. Then Dasein would be: being questionable.

Notes

TN = translator's note

1 *TN* The Greek adverb ἀεί means 'ever', 'always' or 'perpetual'. See for example its important usage in Plato's *Phaedo* 75d and, with explicit reference to time (χρόνος), 103e.

2 *TN* The term 'Dasein' ordinarily means 'existence', as in Kant for example. Heidegger will proceed to give it the special meaning of 'that entity in its Being which we know as human life' (p. 6), and the remainder of the lecture will attempt to delimit the Being of this entity more precisely. 'Dasein' is here to be understood more literally as 'there-being', as the 'there' (da) in which Being (Sein) is itself disclosed; indeed, Heidegger elsewhere often hyphenates the word, writing it as 'Da-sein', in order to emphasize this. Where the word is used in this special sense, I have followed convention and retained the German term (unitalicized).

3 Galatians 4:4; cf. Mark 1:15; also Ephesians 1:9f.

4 Heidegger's condensed formulation. Cf. here Albert Einstein, *Die Grundlage der allgemeinen Relativitätstheorie, Annalen der Physik* 49 (Leipzig, 1916). Cf. also Einstein, *Über die spezielle und allgemeine Relativitätstheorie*, 7th edn. (Braunschweig: Vieweg 1920), pp. 90ff. and 95ff. Cf.

finally Einstein, *Vier Vorlesungen über Relativitätstheorie* (Braunschweig: Vieweg 1922), p. 2.

5 Cf. Aristotle, *Physics* IV, ch. 11, 219a ff.

6 Ibid., 219a 9f.

TN The sentence that follows this quotation from Aristotle is Heidegger's translation of it.

7 Augustine, *Confessions*, book XI, ch. 27. *Sancti Aurelii Augustini opera omnia, post Lovaniensium theologorum recensionem. Editio novissima, emendata et auctior, accurante Migne. Parisiis 1841. Tomus I, p. 823 sq.*

TN Notably, Heidegger translates the Latin *anima* by *Geist* (spirit), and the term *affectio* by *Befindlichkeit* (disposition, or finding oneself disposed). A more conventional translation reads:

> 'Tis in thee, O my mind, that I measure my times. Do not thou interrupt me now, that is, do not interrupt thine own self with the tumults of thine own impressions. In thee, I say, it is, that I measure the times. The impression, which things passing by cause in thee, and remains even when the things are gone, that is it which being still present, I do measure: not the things which have passed by that this impression might be made. This do I measure, whenas I measure times.' (Tr. William Watts. London: Harvard University Press/Heinemann, 1912)

8 *TN* The term 'specificity' renders the German *Jeweiligkeit*. The adjective *jeweilig* normally means 'respective', but has an implicit temporal sense which is difficult to convey in English. The root *Weile* means 'while', and the prefix *je* means 'in each specific case'. Thus, *Jeweiligkeit* has elsewhere been rendered variously as 'temporal particularity' or 'the particular while' (Kisiel), or as 'the time

being' (Sheehan). However, Heidegger does not explicitly appeal to this temporal sense of the term in the present lecture, as he does in his 1923 course on the 'Hermeneutics of Facticity' (but see note 12 below). Although *Jeweiligkeit* features strongly in Heidegger's pre-1925 lectures – often appearing alongside *Jemeinigkeit*, 'mineness', as it does here – it seems to have been dropped in favour of *Jemeinigkeit* (to which it is evidently close, though not identical, in meaning) by 1926, when *Being and Time* was completed. However, the temporal sense of the 'while' or *Weile* would continue to play an important role in Heidegger's thought. On the early use of *Jeweiligkeit*, see Heidegger, *Prolegomena zur Geschichte des Zeitbegriffs* (1925), GA Bd.20 (Frankfurt: Klostermann, 1979) (*History of the Concept of Time: Prolegomena*, tr. Theodore Kisiel (Bloomington: Indiana University Press, 1985), §18), and especially *Ontologie (Hermeneutik der Faktizität)* (1923), GA Bd.63 (Frankfurt: Klostermann, 1988). For a discussion of the term *Jeweiligkeit*, see Theodore Kisiel, 'On the Way to *Being and Time*', *Research in Phenomenology*, 15 (1985), pp. 193–226.

9 *TN* The Latin means something like 'I am what is being enacted', or 'I am that which concerns me.'

10 *TN* The German *Heimlichkeiten* also implies that with which one is familiar, intimate or 'at home' (*heimisch*) to such an extent that it remains concealed (*heimlich*). Such *Heimlichkeit* will be contrasted with the *Unheimlichkeit*, the uncanniness or 'unhomeliness' which breaks forth in Dasein's running ahead to its past. See pp. 13, 15 and 20.

11 *TN* See note 10. The disposition of uncanniness

receives extensive treatment in *Being and Time*. See especially §40.

12 *TN* Note the implicit allusion to the temporal sense of 'specificity' (*Jeweiligkeit*) here, which Heidegger links to the tarrying of *verweilen* and contrasts with the lengthening of time in boredom (*die Langeweile*, literally 'the long while'). 'Tarrying' is retained as an important term in *Being and Time*. On the significance of the mood or attunement of boredom, see note 13 below.

13 *TN* These hints on the nature of boredom (*Langeweile*), anticipate by some five years Heidegger's extraordinarily detailed treatment of this phenomenon in the 1929/30 course *Die Grundbegriffe der Metaphysik. Welt – Endlichkeit – Einsamkeit*, GA Bd.29/30 (Frankfurt: Klostermann, 1983) *The Fundamental Concepts of Metaphysics. World – Finitude – Solitude*, tr. William McNeill and Nicholas Walker (Bloomington: Indiana University Press, forthcoming). Heidegger there devotes over 160 pages to the analysis of boredom, relating it among other things to a peculiar stretching of time and to Dasein's being left empty by the entities of its concern. (It is thus inaccurate to claim that the theme of boredom was first broached by Heidegger in the 1929 inaugural Freiburg lecture ('What is Metaphysics?').

14 *TN* The term *Präsenz* plays an important role in the 1925 course the *History of the Concept of Time*. In 1927 Heidegger would explain that *Präsenz* refers to the temporal *horizon* of presence (*Gegenwart*). It belongs to the Temporality (*Temporalität*) of Being, and is not the same as the 'ekstative' temporality (*Zeitlichkeit*) of Dasein. See part 2 of *Die Grundprobleme der Phänomenologie*,

GA Bd.24 (Frankfurt: Klostermann, 1975) *The Basic Problems of Phenomenology*, tr. Albert Hofstadter (Bloomington: Indiana University Press, 1982).

15 *TN* This sole mention of conscience in the 1924 lecture received a footnote in *Being and Time* p. 268 tr. 313, where Heidegger states: 'These observations and those which follow after were communicated as theses on the occasion of a public lecture on the concept of time, which was given at Marburg in July 1924.' Note that *Being and Time* devotes an entire chapter to the analysis of conscience, which in many ways forms the crux of Heidegger's argument regarding the possibility of authenticity.

16 *TN* See, for example, Aristotle, *Politics*, book VIII.

Anmerkungen

1 Gal. 4, 4; vgl. Mk. 1, 15; vgl. ferner Eph. 1, 9f.
2 Zuspitzende Zusammenfassung Heideggers. Vgl. dazu Albert Einstein, Die Grundlage der allgemeinen Relativitätstheorie. Annalen der Physik 49, Leipzig 1916. Vgl. auch: Über die spezielle und allgemeine Relativitätstheorie. 7. Aufl., Braunschweig: Vieweg 1920. S. 90ff. und 95ff. Vgl. ferner: Vier Vorlesungen über Relativitätstheorie. Braunschweig: Vieweg 1922. S. 2.
3 Vgl. Aristoteles, Physik IV, Kap. 11, 219aff.
4 a.a.O., 219a 9f.
5 Augustinus, Confessiones. Liber XI, cap. 27, resp. 36. Sancti Aurelii Augustini opera omnia, post Lovaniensium theologorum recensionem. Editio novissima, emendata et auctior, accurante Migne. Parisiis 1841. Tomus I, p. 823 sq.

Translator's Postscript

The following brief remarks are intended merely to situate the present text within the corpus of Heidegger's work, and to indicate something of its significance in the development of his thought.

The lecture 'The Concept of Time' (*Der Begriff der Zeit*) was delivered before the Marburg Theological Society on 25 July 1924. The original manuscript has been lost, and the text presented here is based on two transcripts of the lecture, which largely concur with one another. Somewhat confusingly, the title 'The Concept of Time' was used also for a treatise of some seventy pages which Heidegger conceived in the same year. This treatise deals more extensively with the themes of the lecture, and includes a chapter on Wilhelm Dilthey and Count Yorck von Wartenburg, parts of which were subsequently incorporated into section 77 of *Being and Time*. Publication of the treatise is planned for volume 64 of the *Gesamtausgabe*.

The 1924 lecture on 'The Concept of Time' has been referred to by Hans-Georg Gadamer as the 'original form' (*Urform*) of Heidegger's *magnum opus, Being and Time* (1927).[1] Although Gadamer's claim has generated considerable debate as to whether this may be overstating the lecture's significance, I shall refrain from entering into that debate here.[2] More important, perhaps, is the fact that *Being and Time* itself refers to the 1924 lecture, albeit in a somewhat enigmatic footnote to

section 54, which introduces the theme of conscience (*Gewissen*).[3] The footnote is enigmatic because it gives the impression that the key analyses of conscience were presented 'as theses' in the 1924 lecture, while the lecture itself only mentions conscience on one occasion and fails to develop it thematically. Broadly speaking, it seems clear that the lecture is very restricted in scope by comparison with *Being and Time*, keeping as it does to an account of human existence or *Dasein* and omitting to raise the question of the meaning of Being in general, a question which was to assume centre stage in 1927. Furthermore, there is no discussion of the problem of *truth*, so crucial to the project of *Being and Time*. These restrictions, however, do not undermine the importance of the 1924 lecture. For one thing, it presents in concise fashion much of the key terminology and conceptual apparatus of *Being and Time*, giving us important insights into the state of development of Heidegger's project in 1924. Most, if not all of this terminology was carried over into the lecture course of the following year, now translated as the *History of the Concept of Time*[4] – a course which represents the first detailed working out of part 1, division 1 of *Being and Time*. Moreover, the recent publication of Heidegger's 1923 course, 'Hermeneutics of Facticity', has provided us with a detailed background context, further enriching the perspective within which we must assess the lecture 'The Concept of Time'. Finally, it is important to note that the theme of boredom (*Langeweile*) already appears in this 1924 lecture – an appearance all the more astonishing in view of the fact that, some five years later, Heidegger would turn his attention back towards the mood of boredom and away from the analyses of anxiety (*Angst*) which play the dominant and pivotal role in *Being and Time*. It is as though the

early analyses of tarrying (*verweilen*) and of the (temporal) specificity of *Jeweiligkeit* proved to be more telling, with respect to the disclosure of Dasein's Being, than the uncanniness of anxiety.[5]

Notes

1 Hans-Georg Gadamer, 'Martin Heidegger und die Marburger Theologie', in *Heidegger: Perspektiven zur Deutung seines Werks*, ed. Otto Pöggeler (Cologne and Berlin: Kiepenheuer & Witsch, 1970), p. 169.
2 For a discussion of Gadamer's claim, see Thomas J. Sheehan, 'The "Original Form" of *Sein und Zeit*: Heidegger's *Der Begriff der Zeit* (1924)', *Journal of the British Society for Phenomenology*, 10, 2 (May 1979), pp. 78–83. For details of the background to the 1924 lecture, see Theodore Kisiel, 'Why the First Draft of *Being and Time* was Never Published', *Journal of the British Society for Phenomenology*, 20, 1 (January 1989), pp. 3–22.
3 *Being and Time*, p. 268/tr. 313. See Note 15 to the main text.
4 *Prolegomena zur Geschichte des Zeitbegriffs* (1925), GA Bd.20 (Frankfurt: Klostermann, 1979) (*History of the Concept of Time: Prolegomena*, tr. Theodore Kisiel (Bloomington: Indiana University Press, 1985)).
5 Cf. Notes 8 and 13 to the main text.

Nachwort des Herausgebers

Dem vorstehend veröffentlichten Text des *Vortrags* »Der Begriff der Zeit«, den Martin Heidegger im Juli 1924 vor der Marburger Theologenschaft gehalten hatte, liegen *zwei* verschiedene, aber weitgehend übereinstimmende *Nachschriften* zugrunde, deren Verfasser unbekannt sind. Das Manuskript des Vortrags ist verschollen. Vermutlich wurde es von Heidegger selbst nach Fertigstellung der aus demselben Jahr stammenden gleichnamigen *Abhandlung* vernichtet.

Der vorgelegte Text des *Vortrags* ist zu unterscheiden von der ebenfalls 1924 ausgearbeiteten umfangreicheren *Abhandlung* »Der Begriff der Zeit«, die als Band 64 der Gesamtausgabe zur Veröffentlichung gelangen wird. Die Abhandlung war durch die Lektüre des 1923 erschienenen Briefwechsels zwischen Wilhelm Dilthey und dem Grafen Yorck von Wartenburg veranlaßt. Teile des auf den Briefwechsel Bezug nehmenden I. Kapitels der Abhandlung (»Die Fragestellung Diltheys und Yorcks Grundtendenz«) hat Heidegger später in den Paragraph 77 von »Sein und Zeit« aufgenommen.

In einer Fußnote zum III. Kapitel (»Dasein und Zeitlichkeit«) der *Abhandlung* verweist Heidegger auf den gleichnamigen *Vortrag* und gibt dessen einleitende Passage wie folgt wieder:

> »Einiges aus dem folgenden Kapitel wurde in einem Vortrag vor der Marburger Theologenschaft im Juli 1924 mitgeteilt. Der Vortrag hatte diese Einleitung:

Nachwort des Herausgebers

> Die folgenden Überlegungen handeln von der Zeit. Sie fragen: was ist die Zeit? Wenn die Zeit in der Ewigkeit ihren Sinn findet, dan muß sie von dieser her verstanden werden. Damit sind Ausgang und Weg einer Nachforschung über die Zeit vorgezeichnet: von der Ewigkeit zur Zeit. Diese Fragestellung ist in Ordnung unter der Voraussetzung, daß wir die Ewigkeit kennen und hinreichend verstehen. Sollte aber Ewigkeit etwas anderes bedeuten als leere Immer-währen (ἀεί), sollte Gott die Ewigkeit sein, dann muß die zuerst nahegelegte Art der Zeitbetrachtung solange in Verlegenheit bleiben, als sie nicht um Gott weiß. Und wenn der Zugang zu Gott der Glaube ist und das Verhältnis zur Ewigkeit nichts anderes als dieser Glaube, dann wird die Philosophie die Ewigkeit nie haben und sonach nie als mögliche Hinsicht für die Diskussion der Zeit in methodischen Gebrauch nehmen können. Und so ist der Theologe der rechte Sachkenner der Zeit. Denn erstens handelt die Theologie vom menschlichen Dasein in seinem Sein vor Gott, d.h. das Sein in der Zeit in seinem Sein zur Ewigkeit. Zweitens hat der christliche Glaube Bezug auf etwas, was in der Zeit geschah und sogar zu einer Zeit, von der gesagt wird, daß sie »erfüllet war«. Der Philosophie dagegen bleibt nur die Möglichkeit, die Zeit aus der Zeit zu verstehen«.

Schon der erste Satz der zitierten Anmerkung aus der gleichnamigen Abhandlung, mit dem Heidegger auf den *Vortrag* »Der Begriff der Zeit« verweist (»Einiges aus dem folgenden Kapitel . . .«) läßt den Schluß zu, daß das von ihm im Vortrag erstmals öffentlich Mitgeteilte nicht den vollen Sachstand seiner Untersuchungen zur Zeitproblematik wiedergibt. Im Vortrag werden die Strukturen des Daseins nur soweit aufgezeigt, als sie für die Exposition der Zeitlichkeit des Daseins unverzichtbar sind. Deren Exposition wiederum hat ihren Schwerpunkt in der eigentlichen

Zeitlichkeit des Daseins im Vorlaufen zu seinem Ende als der Ermöglichung des eigentlichen Seinkönnens des Daseins. Von dieser Abzielung ist auch der vorangehende Aufweis der existenzialen Strukturen des Daseins im Vortrag bestimmt.

Die derart begrenzte Zielsetzung des Vortrags, die im Aufweis des eigentlichen Seinkönnens des Daseins aus der ursprünglichen Zeitlichkeit des Daseins kulminiert – und damit in einer Problematik, der eine genuine theologische Fragestellung entspricht –, hält sich im Rahmen der beiden veröffentlichten Abschnitte des Hauptwerkes »Sein und Zeit« (1927), mit dessen Ausarbeitung Heidegger 1923 begonnen hatte. Eine Auskunft darüber, ob und inwieweit Heidegger bereits im Sommer 1924 über den vollständigen Aufriß seines Hauptwerkes verfügte, gibt der *Vortrag* nicht. Die für das Hauptwerk »Sein und Zeit« zentrale Fragestellung nach dem Sinn von Sein überhaupt, die in der »Explikation der Zeit als des transzendentalen Horizontes der Frage nach dem Sein« im unveröffentlicht gebliebenen dritten Abschnitt des ersten Teils unter dem Titel »Zeit und Sein« erörtert werden sollte, bleibt schon aufgrund der eingeschränkten Absicht des Vortrags ausgeklammert. Die Diskussion darüber, ob der *Vortrag* »Der Begriff der Zeit« vom Juli 1924 eine »originäre Form« des Hauptwerkes »Sein und Zeit« darstelle, bleibt daher im Vortrag ohne angemessenen Anhalt und Boden.

Bei der Erörterung der konzeptionellen Genese der Fragestellung des Hauptwerkes von »Sein und Zeit« nach dem Sinn von Sein überhaupt muß daran erinnert werden, daß bereits im Habilitationsvortrag (1915) »Der Zeitbegriff in der Geschichtswissenschaft« die Zeit zur Scheidung der Seinsregionen Natur und Geschichte dient. Die frühe Freiburger Vorlesung

des Wintersemesters 1921/22 »Phänomenologische Interpretationen zu Aristoteles. Einführung in die phänomenologische Forschung« formuliert ausdrücklich die Frage nach dem Seinssinn des Seienden und erörtert ebenso wie die letzte frühe Freiburger Vorlesung des Sommersemesters 1923 über »Ontologie. Hermeneutik der Faktizität« die phänomenologisch-hermeneutische Situation einer derartigen Fragestellung.

Auf die Klärung der geschichtlichen Dimension der Fragestellung durch die Erörterung von Zeitlichkeit und Geschichtlichkeit des Fragenden, des Daseins, zielt die erwähnte *Abhandlung* »Der Begriff der Zeit«. In ihr zeigt Heidegger, daß in der überlieferten, durch die Griechen begründeten abendländischen Ontologie der Sinn von Sein aus der Zeit interpretiert wird. »Die jeweilige Interpretation des Zeitphänomens wird so zum Discrimen, an der sich der Seinssinn der jeweiligen Ontologie verrät.« Wird über die Zeitlichkeit des Daseins ein ursprünglicherer Begriff der Zeit gewonnen, dann ergibt sich philosophisch die Aufgabe, den Sinn von Sein aus diesem ursprünglicheren Zeitbegriff neu zu interpretieren und die überlieferte Ontologie an diesem Leitfaden zu destruieren. Die Thematik des dritten Abschnitts von »Sein und Zeit«: »Zeit und Sein«, ist damit ebenso vorgezeichnet wie die des gleichfalls unveröffentlicht gebliebenen zweiten Teils: »Grundzüge einer phänomenologischen Destruktion der Ontologie am Leitfaden der Problematik der Temporalität.« Die *Abhandlung* »Der Begriff der Zeit« (1924) deutet vor auf den Gesamtaufriß des Hauptwerkes »Sein und Zeit«, von dem allerdings 1927 nur die beiden ersten Abschnitte des ersten Teils zur Veröffentlichung gelangten.

Juli 1989 Hartmut Tietjen

Lexicon

to be absorbed in . . .	aufgehen in . . .
absorption	das Aufgehen
anxiety	die Angst
apprehension	Das Erfassen, das Erkennen
appropriate	angemessen
to appropriate	aneignen
assertion	die Aussage
authentic	eigentlich
authenticity	die Eigentlichkeit
average	durchschnittlich
averageness	die Durchschnittlichkeit
Being	das Sein
Being-in-the-world	das In-der-Welt-sein
Being-for-one-another	das Für-einander-sein
being present at hand	das Vorhandensein
Being-with-one-another	das Mit-einander-sein
boring	langweilig
care	die Sorge
certainty	die Gewißheit
cognition	das Erkennen
cognitive faculty	das Erkenntnisvermögen
concern	das Besorgen

English	German
to contemplate, to view	betrachten
dealings (with)	der Umgang (mit)
to deal with	umgehen mit
dialogue	das Gespräch
discourse	die Rede
to find oneself disposed	sich befinden
disposition	die Befindlichkeit
to encounter	begegnen
entity	das Seiende
event	das Ereignis, das Geschehen
everyday	alltäglich
everydayness	die Alltäglichkeit
fate	das Schicksal
fundamental	Grund-
futural	zukünftig
being futural	das Zukünftigsein
generation	die Generation
ground	der Grund
to happen	geschehen
historical	geschichtlich
historicism	der Historismus
historicity	die Geschichtlichkeit
history	die Geschichte
the 'how'	das Wie
human existence	das menschliche Dasein
idle talk	das Gerede
inappropriate	unangemessen

interpretation	die Auslegung, die Interpretation
irretrievable	unwiederbringlich
irreversibility	die Nicht-Umkehrbarkeit
to know	wissen
levelling-down	die Einebnung
man	der Mensch
meaning	der Sinn
moment of insight	der Augenblick
movement	die Bewegung
natural time, the time of nature	die Naturzeit
nature	die Natur
now	jetzt
to occur	geschehen
occurrence	das Geschehnis
the 'One'	das 'Man'
own	eigen
the past	das Vorbei, die Vergangenheit
point of departure	der Ausgang
possibility	die Möglichkeit
being possible	das Möglichsein
to make possible	ermöglichen
potentiality	das Können
pre-science	die Vorwissenschaft
Presence	die Präsenz
present	gegenwärtig
the present	die Gegenwart

presupposition	die Voraussetzung
to reckon	rechnen
to repeat	wiederholen
repetition	die Wiederholung
to reside	sich aufhalten
to reverse	umkehren
to run after	nachlaufen
running ahead	das Vorlaufen
science	die Wissenschaft
simultaneity	die Gleichzeitigkeit
singular	einzig
speaking	das Sprechen
to speak out	sich aussprechen
specific	jeweilig
specificity	die Jeweiligkeit
spirit	der Geist
stretch	die Strecke
succession	die Sukzession
supra-historicity	die Übergeschichtlichkeit
to tarry	verweilen
temporal	zeitlich
temporality	die Zeitlichkeit
time	die Zeit
tradition	die Überlieferung, die Tradition
traditional	überliefert
uncanniness	die Unheimlichkeit
to understand	verstehen
the 'what'	das Was

world	die Welt
world-time	die Weltzeit